Impressum
Verlag: BABADADA GmbH, Nedderfeld 112 , 22529 Hamburg
Geschäftsführer / Verlagsleitung: Harald Hof
Druck: Books on Demand GmbH, In de Tarpen 42, 22848 Norderstedt

Imprint
Publisher: BABADADA GmbH, Nedderfeld 112 , 22529 Hamburg, Germany
Managing Director / Publishing direction: Harald Hof
Print: Books on Demand GmbH, In de Tarpen 42, 22848 Norderstedt

школа
school

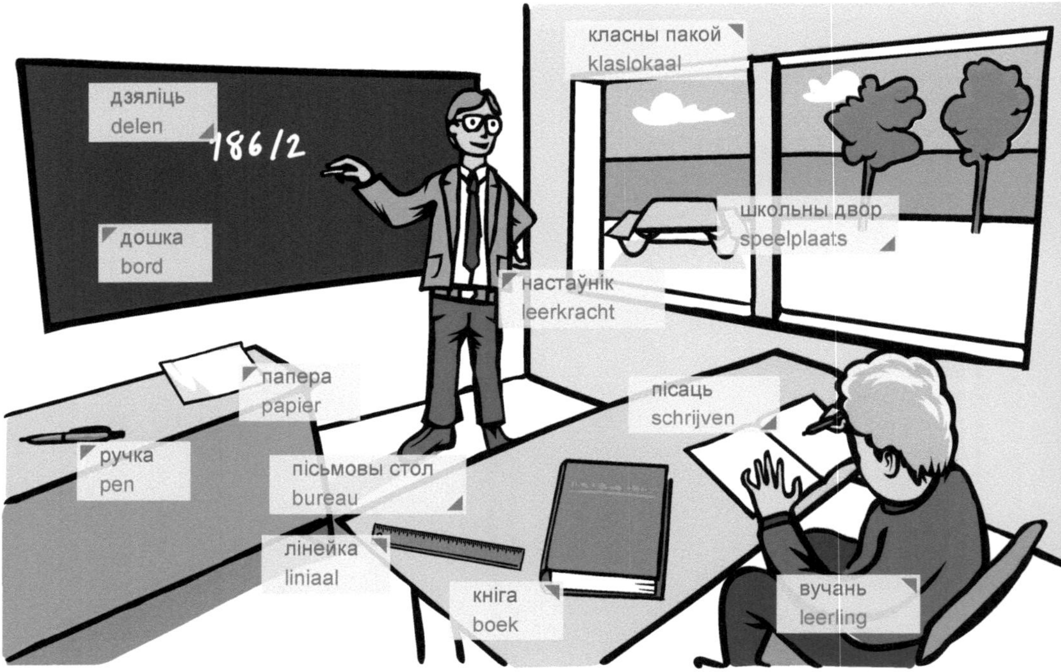
класны пакой
klaslokaal
дзяліць
delen
186/2
дошка
bord
школьны двор
speelplaats
настаўнік
leerkracht
папера
papier
пісаць
schrijven
ручка
pen
пісьмовы стол
bureau
лінейка
liniaal
кніга
boek
вучань
leerling

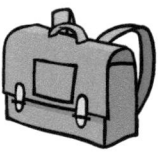

ранец

schooltas

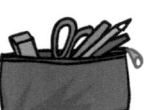

пенал

pennenzak

просты аловак

potlood

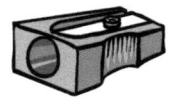

тачылка для алоўкаў

puntenslijper

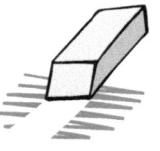

гумка

gom

альбом для малявання

tekenblok

малюнак

tekening

пэндзлік

verfborstel

фарбы

verfdoos

нажніцы

schaar

клей

lijm

сшытак

werkboek

хатняе заданне

huiswerk

12

лік

nummer

2+2

дадаваць

optellen

5-2

адымаць

aftrekken

2×2

множыць

vermenigvuldigen

лічыць

rekenen

A

літара

letter

ABCDEFG HIJKLMN OPQRSTU VWXYZ

алфавіт

alfabet

слова

woord

тэкст

tekst

чытаць

Lezen

крэйда

krijt

ўрок

les

класны журнал

klassenboek

экзамен

examen

атэстат

certificaat

школьная форма

schooluniform

адукацыя

onderwijs

энцыклапедыя

encyclopedie

універсітэт

universiteit

мікраскоп

microscoop

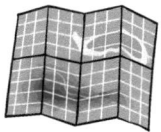

карта

kaart

смеццевы кошык

papiermand

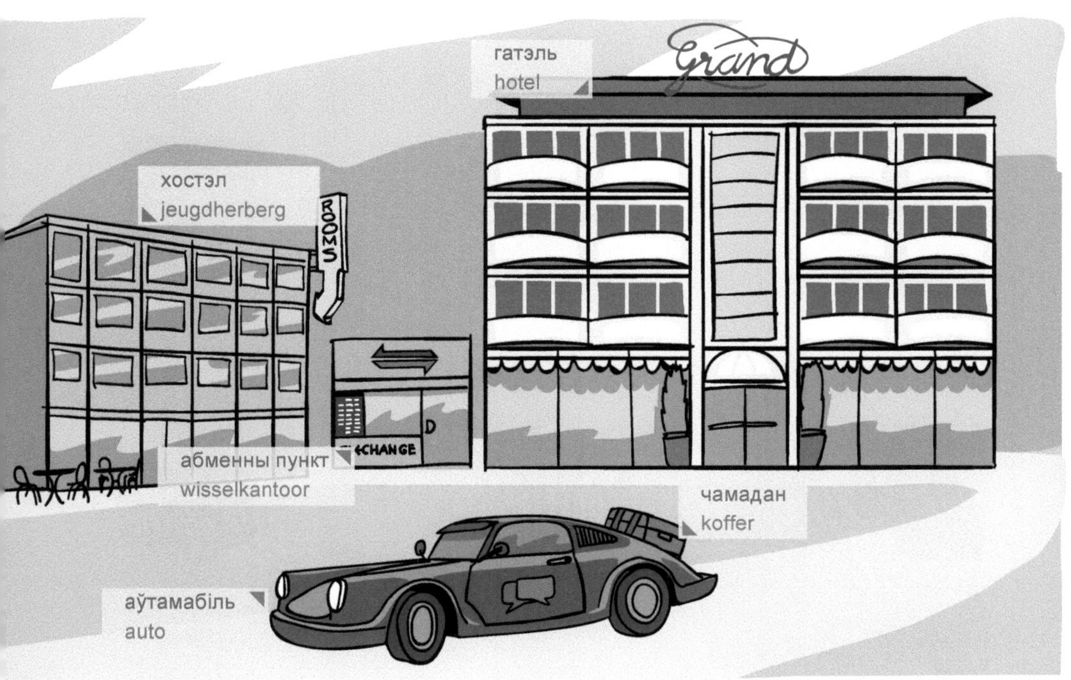

гатэль
hotel

Grand

хостэл
jeugdherberg

абменны пункт
wisselkantoor

чамадан
koffer

аўтамабіль
auto

мова
....
Taal

так / не
....
ja / nee

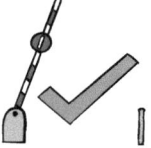

добра
....
oké

прывітанне!
....
hallo

перекладчык
....
vertaler

дзякуй
....
bedankt

Колькі каштуе….?

Hoeveel kost …?

я не разумею

Ik begrijp het niet

праблема

probleem

Добры вечар!

Goedenavond!

Добрай раніцы!

Goedemorgen!

Дабранач!

Goedenavond!

да пабачэння

Tot ziens

кірунак

richting

багаж

bagage

сумка

zak

заплечнік

rugzak

госць

gast

пакой

kamer

спальны мяшок

slaapzak

палатка

tent

інфармацыя для турыстаў

toeristeninformatie

пляж

strand

крэдытная картка

kredietkaart

снеданне

ontbijt

абед

lunch

вячэра

avondeten

праязны білет

ticket

ліфт

lift

паштовая марка

postzegel

мяжа

grens

мытня

douane

пасольства

ambassade

віза

visum

пашпарт

paspoort

транспарт

transport

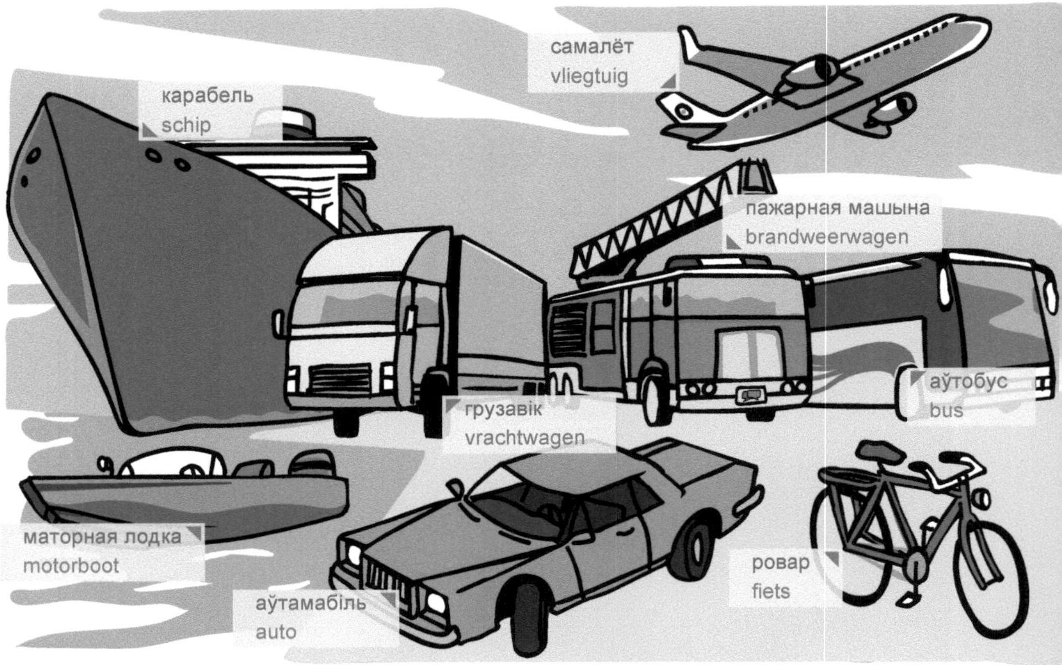

самалёт
vliegtuig
карабель
schip
пажарная машына
brandweerwagen
аўтобус
bus
грузавік
vrachtwagen
маторная лодка
motorboot
ровар
fiets
аўтамабіль
auto

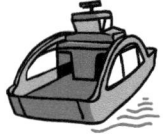

паром

veerboot

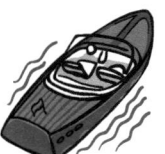

лодка

boot

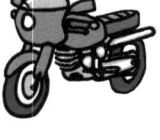

матацыкл

motor

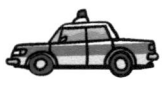

паліцэйская машына

politiewagen

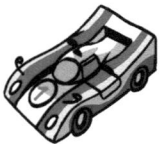

гоначны аўтамабіль

racewagen

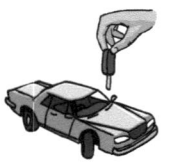

арэндаваны аўтамабіль

huurauto

сумеснае карыстанне
аўтамабілем

carpoolen

эвакуатар

sleepwagen

смеццявоз

vuilniswagen

матор

motor

паліва

benzine

запраўка

benzinestation

дарожны знак

verkeersbord

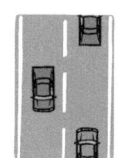

дарожны рух

verkeer

затор

file

паркоўка

parkeerplaats

чыгуначная станцыя

station

рэйкі

sporen

цягнік

trein

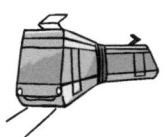

трамвай

tram

вагон

wagon

верталёт

helikopter

аэрапорт

luchthaven

вежа

toren

пасажыр

passagier

кантэйнер

container

кардонная скрыня

karton

тачка

kar

карзіна

mand

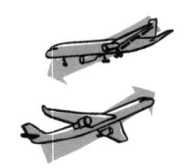

ўзлятаць / прызямляцца

opstijgen / landen

горад

stad

вёска

dorp

цэнтр горада

stadscentrum

дом

huis

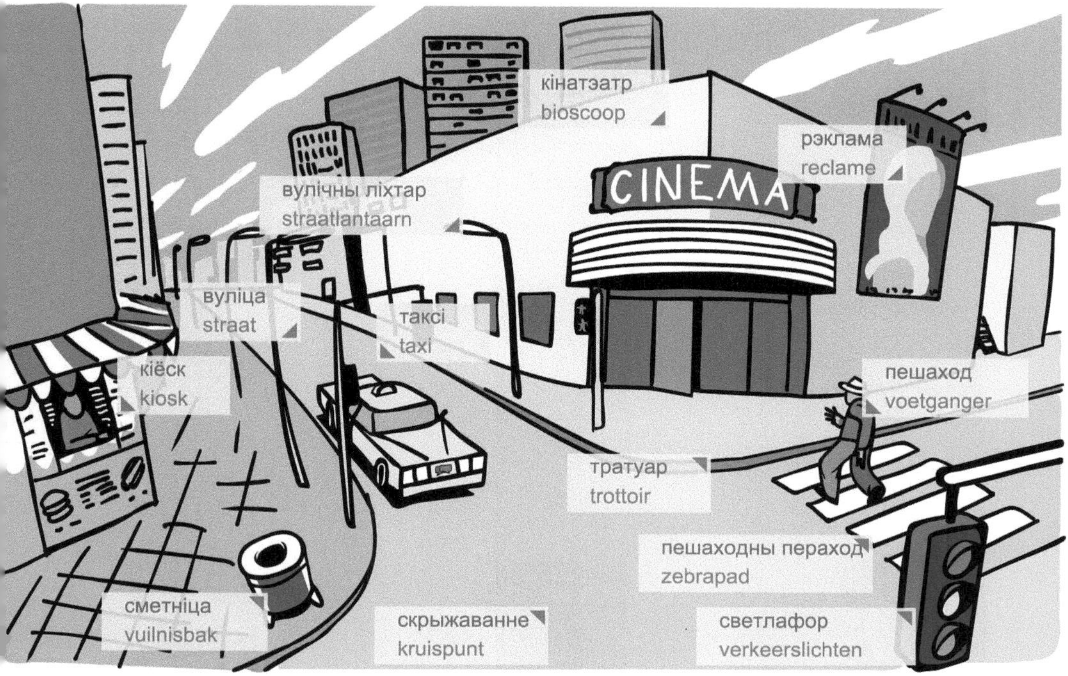
кінатэатр
bioscoop
рэклама
reclame
CINEMA
вулічны ліхтар
straatlantaarn
вуліца
straat
таксі
taxi
кіёск
kiosk
пешаход
voetganger
тратуар
trottoir
пешаходны пераход
zebrapad
сметніца
vuilnisbak
скрыжаванне
kruispunt
светлафор
verkeerslichten

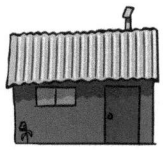

халупа

hut

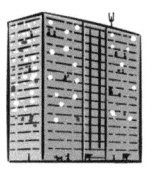

кватэра

woning

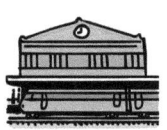

чыгуначная станцыя

station

ратуша

stadshuis

MUSEUM

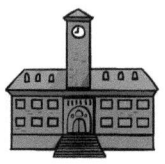

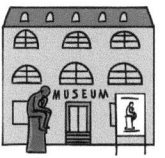

музей

museum

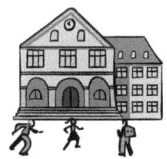

школа

school

універсітэт

universiteit

банк

bank

шпіталь

ziekenhuis

гатэль

hotel

аптэка

apotheek

офіс

kantoor

кнігарня

boekwinkel

крама

winkel

кветкавая крама

bloemenwinkel

супермаркет

supermarkt

кірмаш

markt

універмаг

warenhuis

рыбная крама

vishandelaar

гандлевы цэнтр

winkelcentrum

порт

haven

парк

park

лава

bank

мост

brug

лесвіца

trap

метро

metro

тунэль

tunnel

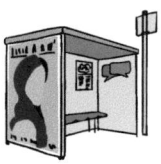

прыпынак

bushalte

бар

bar

рэстаран

restaurant

паштовая скрыня

brievenbus

вулічны паказальнік

straatnaambord

паркамат

parkeermeter

заапарк

zoo

басейн

zwembad

мячэць

moskee

сядзіба

boerderij

забруджванне
навакольнага асяроддзя

milieuverontreiniging

могілкі

kerkhof

царква

kerk

пляцоўка для гульні

speelplaats

храм

tempel

краявід

landschap

ліст
blad

паказальнік
wegwijzer

дарога
weg

луг
weide

камень
steen

дрэва
boom

падарожнік
wandelaar

рака
rivier

трава
gras

кветка
bloem

даліна
vallei

гара
heuvel

возера
meer

лес
bos

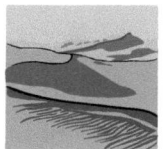

пустыня
woestijn

вулкан
vulkaan

замак
kasteel

вясёлка
regenboog

грыб
paddenstoel

пальма
palmboom

камар
mug

муха
vlieg

мурашка
mier

пчала
bijl

павук
spin

жук

kever

жаба

kikker

вавёрка

eekhoorn

вожык

egel

заяц

haas

сава

uil

птушка

vogel

лебедзь

zwaan

дзік

wild zwijn

алень

hert

лось

eland

пласіна

dam

вятрак

windturbine

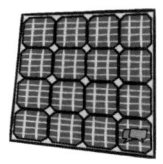

сонечная батарэя

zonnepaneel

клімат

klimaat

рэстаран

restaurant

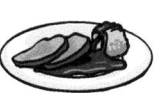

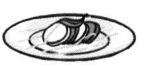

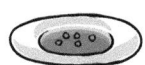

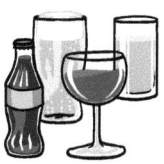

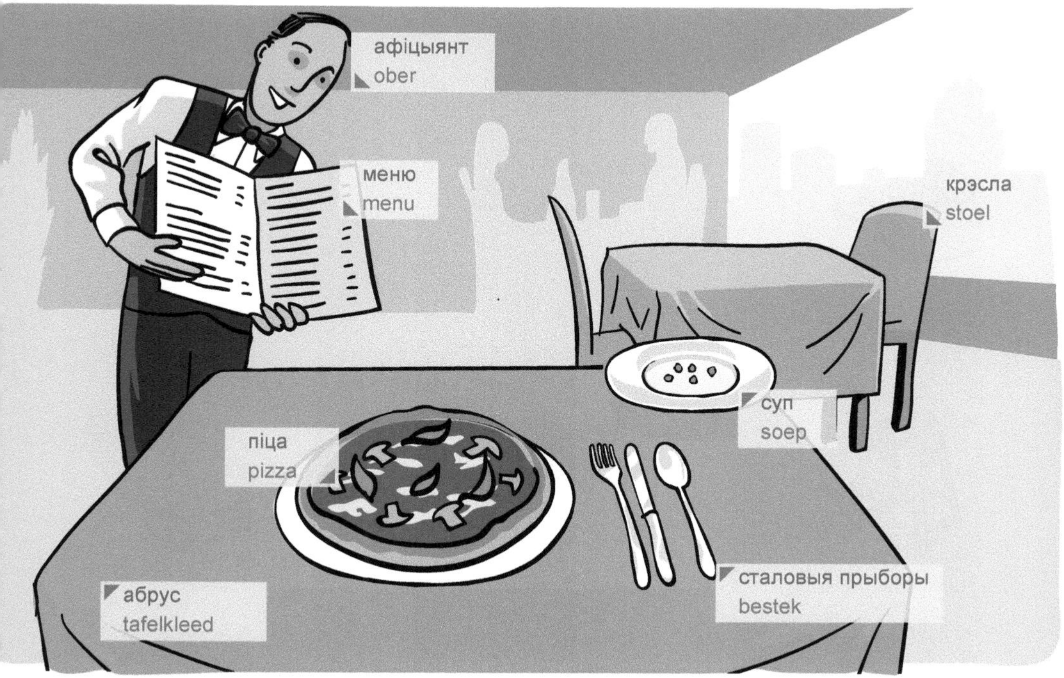
афіцыянт
ober
меню
menu
крэсла
stoel
суп
soep
піца
pizza
абрус
tafelkleed
сталовыя прыборы
bestek

закуска

voorgerecht

другая страва

hoofdgerecht

дэсерт

nagerecht

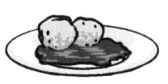

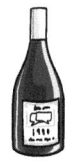

напоі

drankjes

ежа

eten

бутэлька

fles

хуткае харчаванне (фаст-фуд)

fastfood

стрыт-фуд

street food

імбрык (чайнік)

theepot

цукарніца

suikerpot

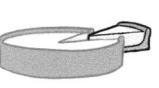

порцыя

portie

эспрэса-машына

espressomachine

дзіцячае крэселка

kinderstoel

рахунак

rekening

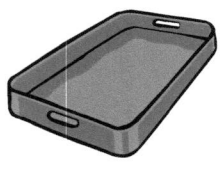

паднос

dienblad

нож

mes

відэлец

vork

лыжка

lepel

чайная лыжка

theelepel

сурвэтка

serviette

шклянка

glas

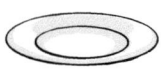

талерка

bord

супавая талерка

soepbord

сподак

schoteltje

соус

saus

сальніца

zoutvatje

млынок для перцу

pepermolen

воцат

azijn

алей

olie

спецыі

kruiden

кетчуп

ketchup

гарчыца

mosterd

маянэз

mayonaise

супермаркет
supermarkt

акцыя
aanbieding
FOR
пакупнік
klant
малочныя прадукты
zuivelproducten
садавіна
fruit
вазок
winkelwagen

BUTCHERS

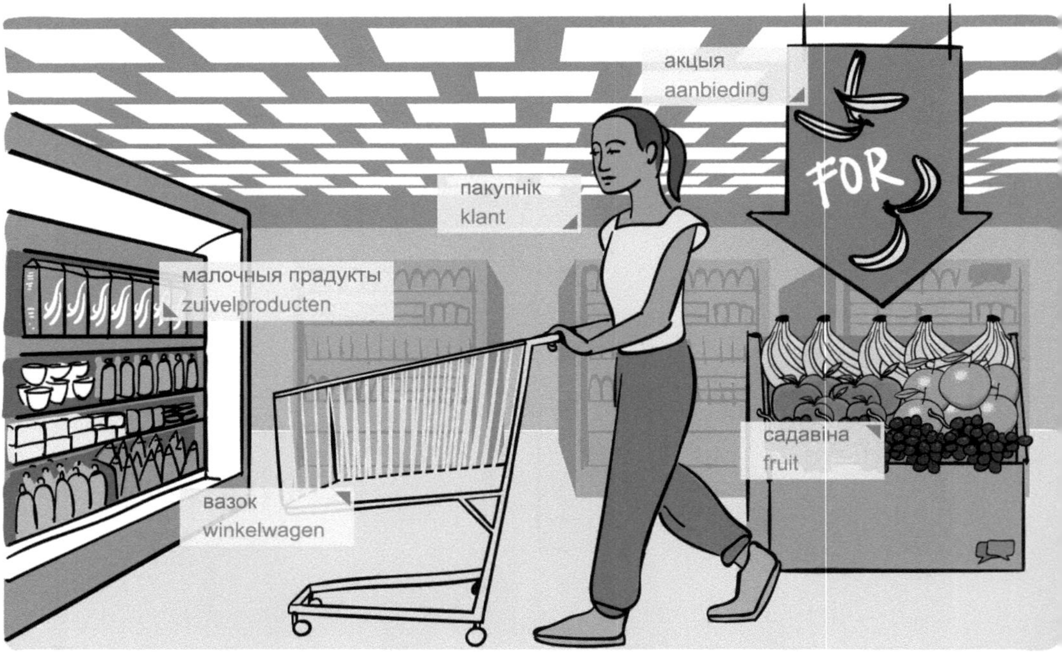

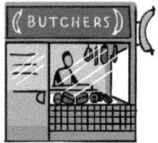

мясная крама
slagerij

BAKERY

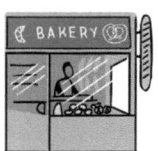

хлебны магазін
bakkerij

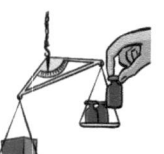

важыць
wegen

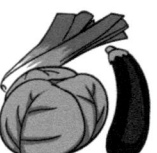

гароднiна
groenten

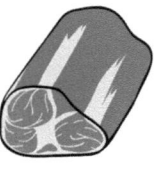

мяса
vlees

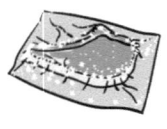

свежазамарожаныя прадукты
diepvriesvoedsel

нарэзка

charcuterie

кансервы

conserven

пральны парашок

waspoeder

прысмакі

snoep

хатнія прылады

huishoudproducten

чысцячы сродак

schoonmaakproducten

прадавец

verkoopster

каса

kassa

касір

kassier

спіс пакупак

boodschappenlijstje

гадзіны працы

openingstijden

бумажнік

portefeuille

крэдытная картка

kredietkaart

сумка

tas

пакет

plastieken zakje

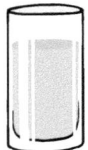

вада

water

сок

sap

малако

melk

кола

cola

віно

wijn

піва

bier

алкаголь

alcohol

какава

cacao

гарбата (чай)

thee

кава

koffie

эспрэса

espresso

капучына

cappuccino

банан

banaan

яблык

appel

апельсін

sinaasappel

дыня

meloen

лімон

citroen

морква

wortel

часнок

knoflook

бамбук

bamboe

цыбуля

ajuin

грыб

champignon

арэхі

noten

локшына

noodles

спагеці

spaghetti

рыс

rijst

салата

salade

бульба фры

frieten

смажаная бульба

gebakken aardappelen

піца

pizza

гамбургер

hamburger

бутэрброд

sandwich

шніцаль

kalfslapje

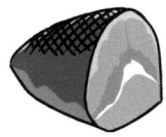

вяндліна

ham

салямі

salami

каўбаса

worst

курыца

kip

смажаніна

braden

рыбак

vis

аўсяныя камякі

havervlokken

мюслі

muesli

кукурузныя шматкі

cornflakes

мука

bloem

круасан

croissant

булачка

pistolet

хлеб

brood

тост

toast

пячэнне

koekjes

масла

boter

тварог

kwark

пірог

taart

яйка

ei

яечня

spiegelei

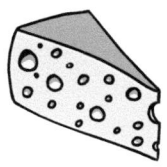

сыр

kaas

марожанае

ijs

цукар

suiker

мёд

honing

варэнне

confituur

нуга

choco

кары

curry

сядзіба
boerderij

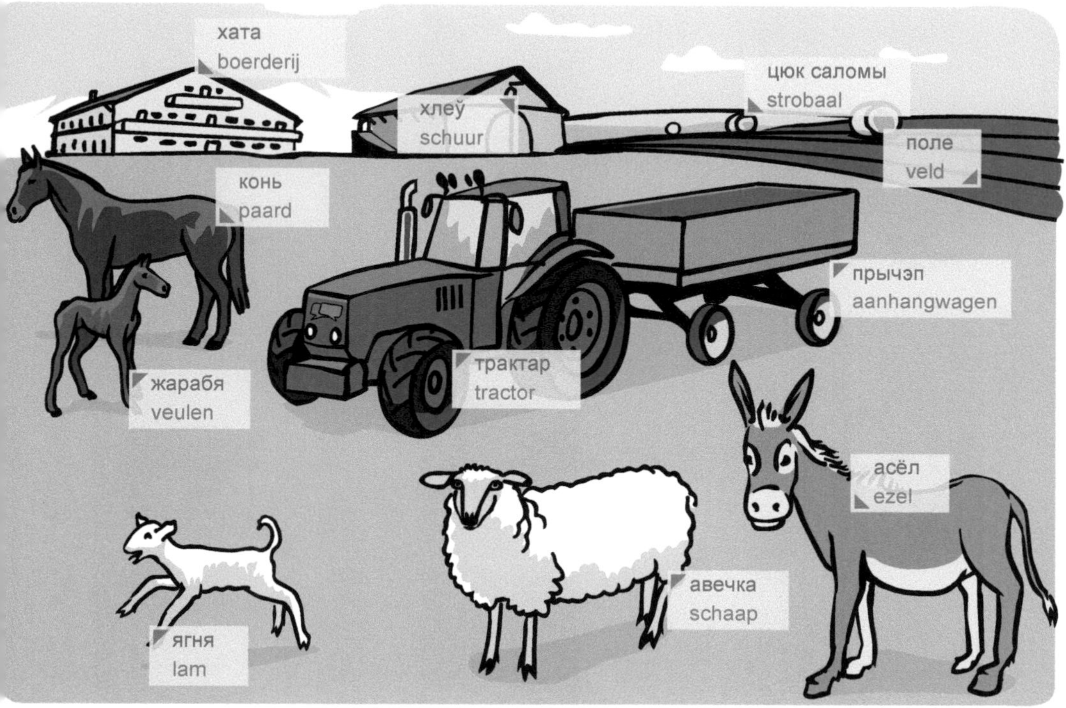
хата
boerderij
хлеў
schuur
цюк саломы
strobaal
поле
veld
конь
paard
прычэп
aanhangwagen
жарабя
veulen
трактар
tractor
асёл
ezel
авечка
schaap
ягня
lam

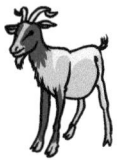

каза

geit

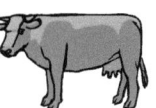

карова

koe

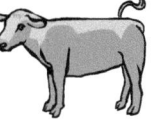

цяля

kalf

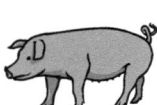

свіння

varken

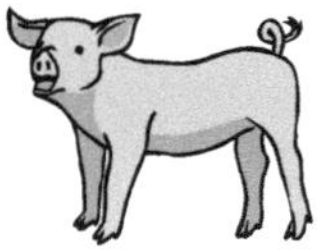

парася

biggetje

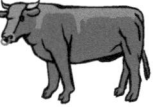

бык

stier

гусак

gans

качка

eend

кураня

kuiken

курыца

kip

певень

haan

пацук

rat

кот

kat

мыш

muis

вол

os

сабака

hond

сабачая будка

hondenhok

садовы шланг

tuinslang

палівачка

gieter

каса

zeis

плуг

ploeg

серп

sikkel

матыка

schoffel

вілы для гною

hooivork

сякера

bijl

тачка

kruiwagen

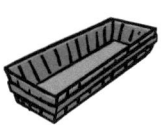

карыта

trog

бітон для малака

melkkan

мех

zak

плот

hek

хлеў

stal

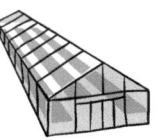

цяпліца

broeikas

глеба

bodem

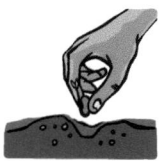

насенне

zaad

угнаенне

mest

камбайн

maaidorser

збіраць ураджай

oogsten

ураджай

oogst

ямс

yam

пшаніца

tarwe

соя

soja

бульба

aardappel

кукуруза

maïs

рапс

koolzaad

садовае дрэва

fruitboom

маніёк

maniok

збожжа

graan

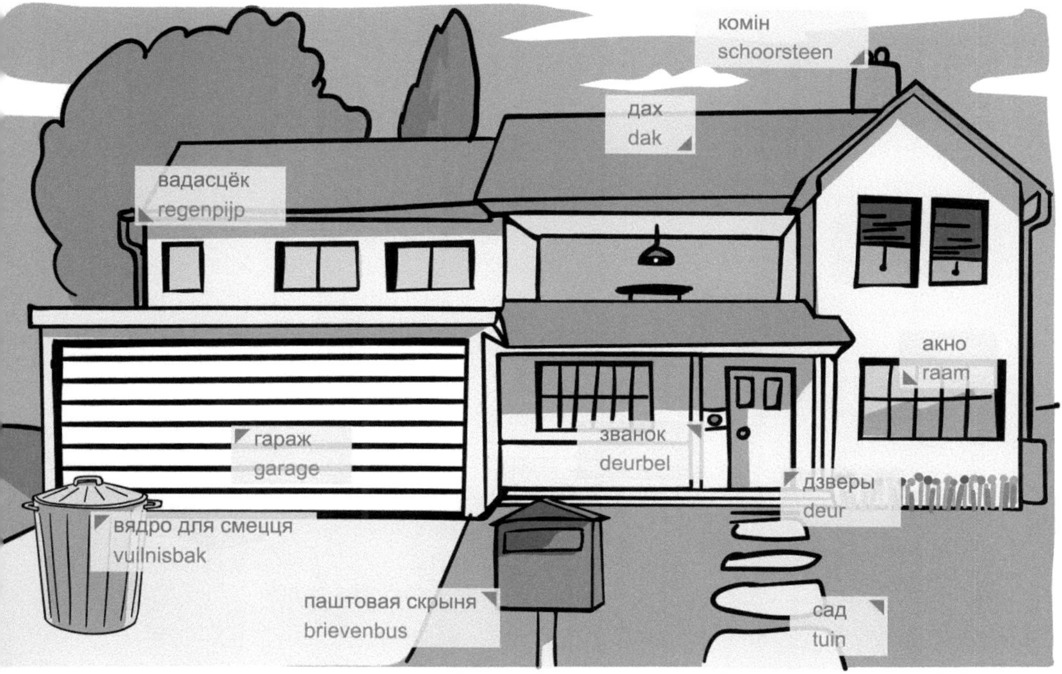

комін
schoorsteen

дах
dak

вадасцёк
regenpijp

акно
raam

гараж
garage

званок
deurbel

дзверы
deur

вядро для смецця
vuilnisbak

паштовая скрыня
brievenbus

сад
tuin

жылы пакой
woonkamer

ванная
badkamer

кухня
keuken

спальны пакой
slaapkamer

дзіцячы пакой
kinderkamer

сталоўка
eetkamer

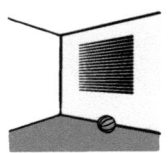

падлога

vloer

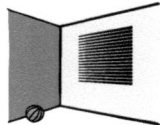

сцяна

muur

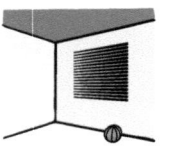

столь

plafond

падвал

kelder

саўна

sauna

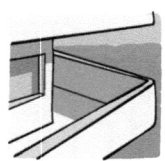

балкон

balkon

тэраса

terras

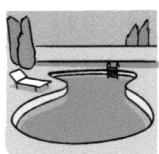

басейн

zwembad

касілка

grasmaaier

падкоўдранік

dekbedovertrek

коўдра

dekbed

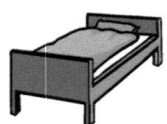

ложак

bed

венік

bezem

вядро

emmer

выключальнік

schakelaar

жылы пакой

woonkamer

шпалеры
behangpapier
малюнак
foto
лямпа
lamp
паліца
schap
шафа
kast
тэлевізар
televisie
камін
open haard
кветка
bloem
падушка
kussen
канапа
sofa
ваза
vaas
пульт
afstandsbediening

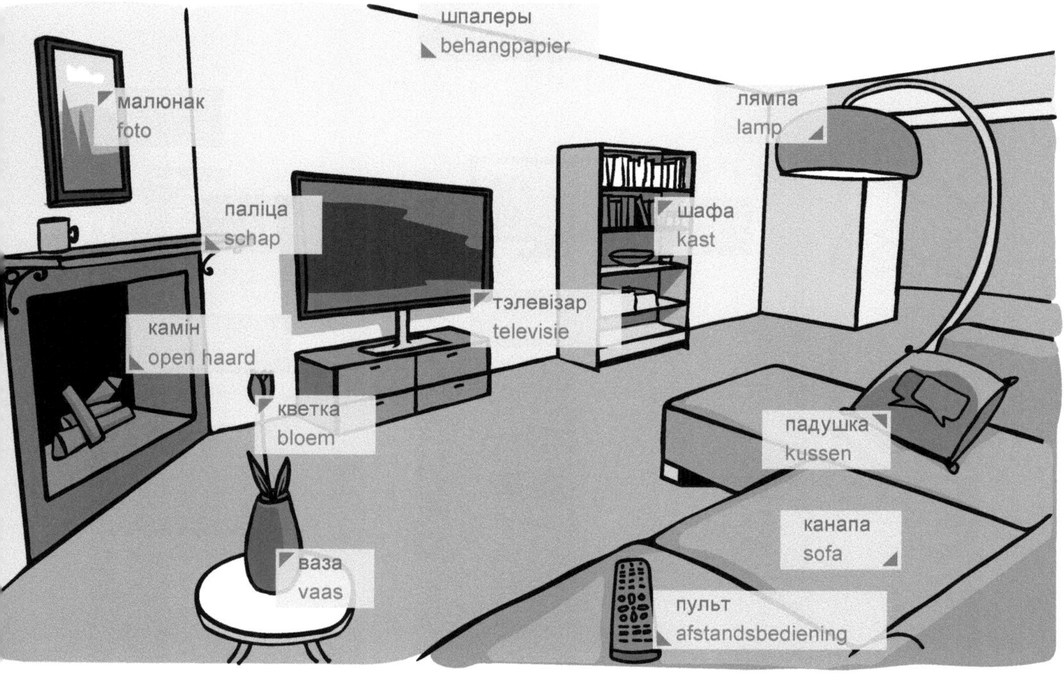

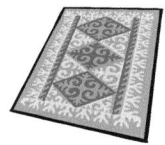

дыван

mat

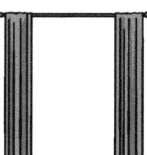

фіранка

gordijn

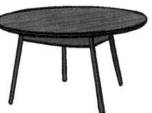

стол

tafel

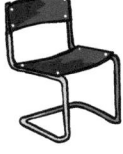

крэсла

stoel

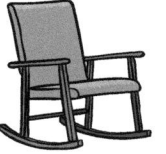

крэсла-качалка

schommelstoel

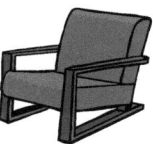

крэсла

fauteuil

кніга

boek

коўдра

deken

дэкарацыя

decoratie

дровы

brandhout

кіно

film

стэрэасістэма

stereo-installatie

ключ

sleutel

газета

krant

карціна

schilderij

постар

poster

радыё

radio

нататнік

notitieboekje

пыласос

stofzuiger

кактус

cactus

свечка

kaars

кухня
keuken

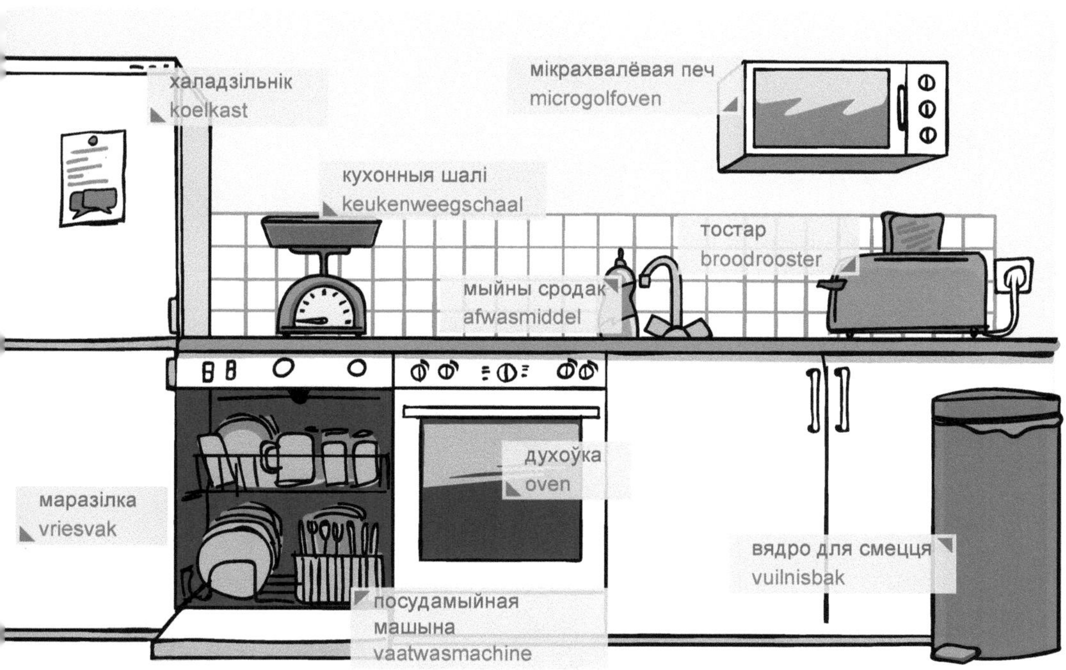
халадзільнік
koelkast
мікрахвалёвая печ
microgolfoven
кухонныя шалі
keukenweegschaal
тостар
broodrooster
мыйны сродак
afwasmiddel
духоўка
oven
маразілка
vriesvak
вядро для смецця
vuilnisbak
посудамыйная машына
vaatwasmachine

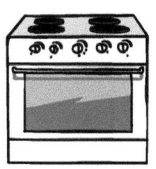

пліта

fornuis

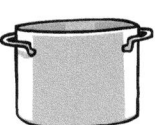

рондаль

pot

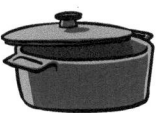

чыгунок

gietijzeren pot

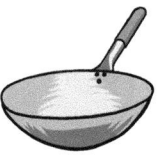

Вок / кадаі

wok / kadai

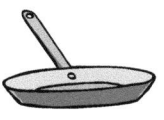

патэльня

pan

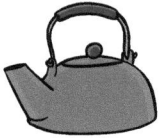

чайнік

waterkoker

параварка

stoomkoker

бляха

bakplaat

посуд

servies

кубак

mok

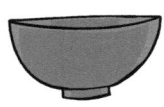

міска

kom

палачкі для ежы

eetstokjes

чарпак

pollepel

лапатачка

spatel

збівалка

garde

сіта для варэння

vergiet

сіта

zeef

тарка

rasp

ступка

mortier

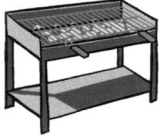

грыль

barbecue

вогнішча

haardvuur

дошка

snijplank

качалка

deegrol

штопар

kurkentrekker

бляшанка

blik

адкрывалка

blikopener

прыхваткі

pannenlap

ракавіна

gootsteen

шчотка

borstel

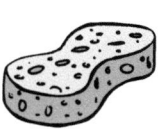

губка

spons

міксер

blender

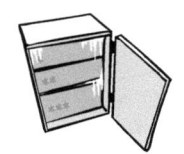

маразільная камера

vriezer

бутэлечка

papfles

вадаправодны кран

kraan

ванная
badkamer

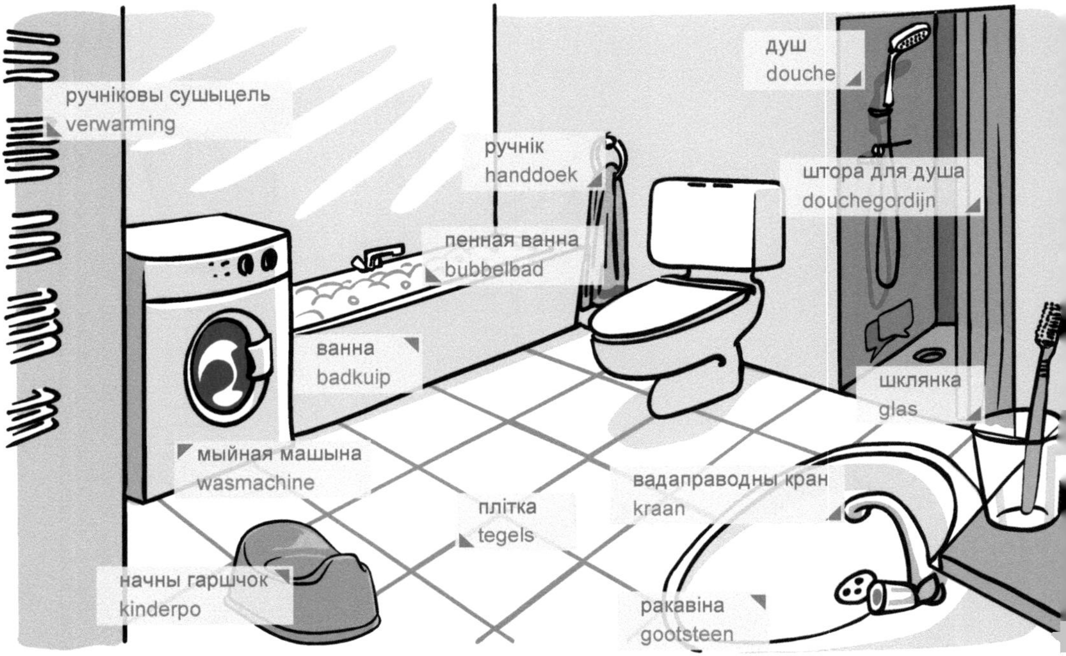

ручніковы сушыцель
verwarming
ручнік
handdoek
душ
douche
штора для душа
douchegordijn
пенная ванна
bubbelbad
ванна
badkuip
шклянка
glas
мыйная машына
wasmachine
вадаправодны кран
kraan
плітка
tegels
начны гаршчок
kinderpo
ракавіна
gootsteen

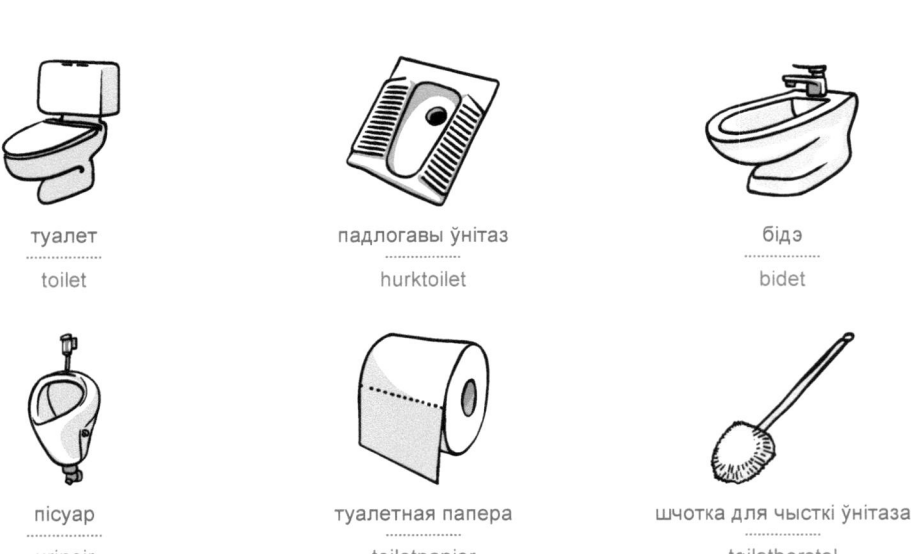

туалет
toilet

падлогавы ўнітаз
hurktoilet

бідэ
bidet

пісуар
urinoir

туалетная папера
toiletpapier

шчотка для чысткі ўнітаза
toiletborstel

зубная шчотка

tandenborstel

зубная паста

tandpasta

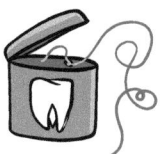

зубная нітка

flosdraad

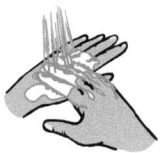

мыць

wassen

ручны душ

handdouche

інтымны душ

bidethanddouche

умывальнік

waskom

шчотка для спіны

rugborstel

мыла

zeep

гель для душа

douchegel

шампунь

shampoo

вяхотка

washandje

вадасцёк

afvoer

крэм

crème

дэзадарант

deodorant

люстэрка

spiegel

касметычнае люстэрка

handspiegel

станок для галення

scheermes

пена для галення

scheerschuim

ласьён пасля галення

aftershave

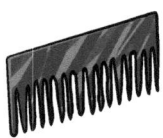

грэбень

kam

шчотка

borstel

фен

haardroger

лак для валасоў

haarlak

касметыка

make-up

памада

lippenstift

лак для пазногцяў

nagellak

вата

watten

манікюрныя нажніцы

nagelknipper

духі

parfum

касметычка

toilettas

табурэтка

kruk

вагі

weegschaal

лазневы халат

badjas

санітарныя пальчаткі

latex handschoenen

тампон

tampon

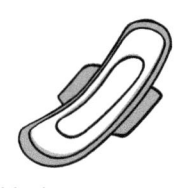

гігіенічныя пракладкі

maandverband

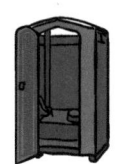

біятуалет

chemisch toilet

дзіцячы пакой
kinderkamer

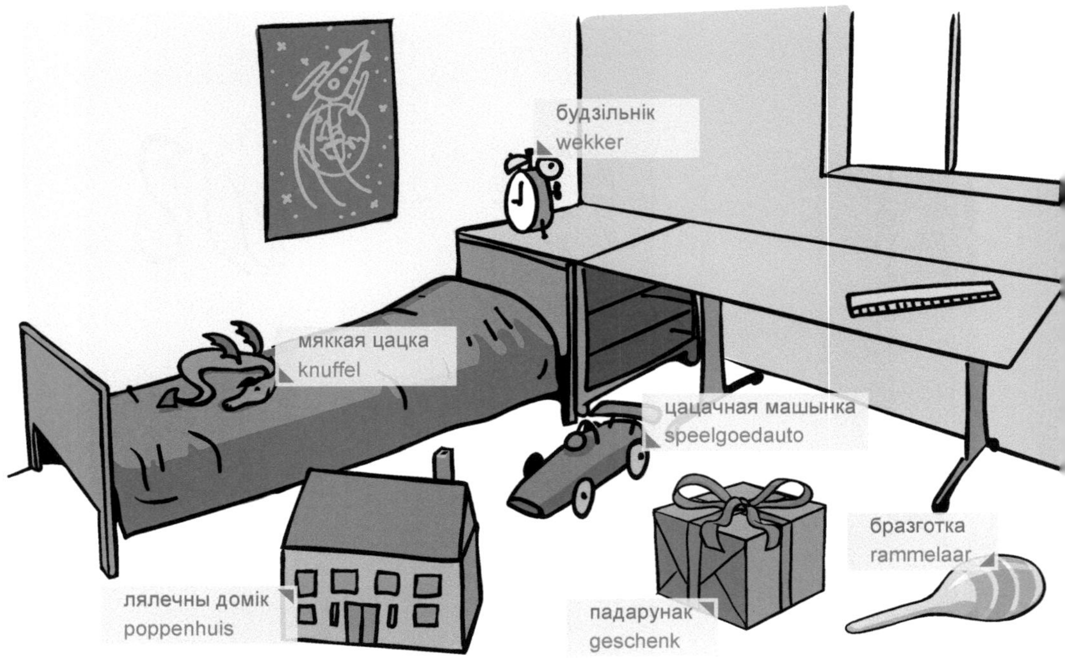
будзільнік
wekker
мяккая цацка
knuffel
цацачная машынка
speelgoedauto
бразготка
rammelaar
лялечны домік
poppenhuis
падарунак
geschenk

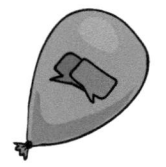

надзіманы шарык

ballon

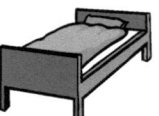

ложак

bed

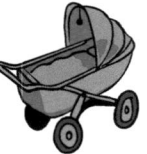

дзіцячая каляска

kinderwagen

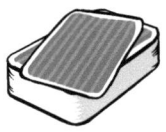

калода картаў

spel kaarten

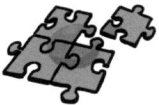

пазл

puzzel

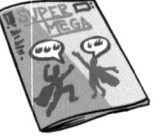

комікс

stripboek

канструктар "Лега"

legoblokjes

канструктар

blokken

экшэн-фігурка

actiefiguur

дзіцячы гарнітур

kruippakje

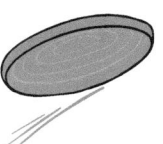

фрызбі

frisbee

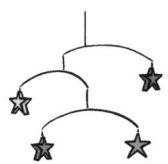

дзіцячы мабіль

mobiel

настольная гульня

bordspel

кубік

dobbelsteen

дзіцячая чыгунка

modelspoorweg

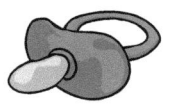

пустышка

fopspeen

дзіцячае свята

feest

кніга з малюнкамі

prentenboek

мячык

bal

лялька

pop

гуляцца

spelen

пясочніца

zandbak

арэлі

schommel

цацкі

speelgoed

гульнявая відэа прыстаўка

spelconsole

трохколавы ровар

driewieler

плюшавы мішка

knuffelbeer

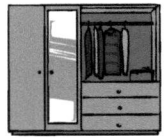

шафа

kleerkast

адзенне
kleding

шкарпэткі

sokken

панчохі

kousen

калготкі

maillot

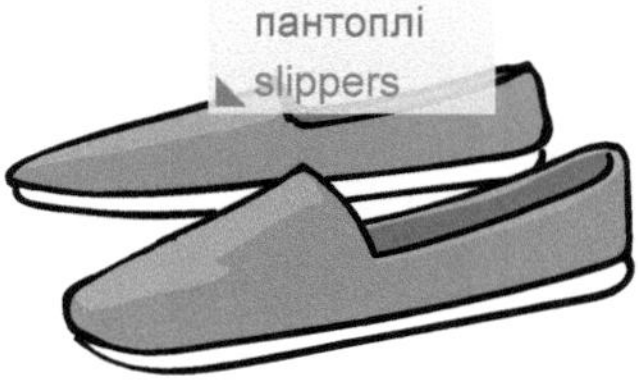

шалік
sjaal

парасон
paraplu

рамень
riem

цішотка
T-shirt

красоўкі
sneakers

боты
laarzen

пантоплі
slippers

сандалі
sandalen

абутак
schoenen

гумовыя боты
rubberlaarzen

трусы
onderbroek

бюстгальтар
beha

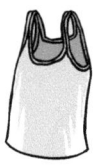

майка
onderhemd

бодзі

lichaam

штаны

broek

джынсы

jeans

спадніца

rok

блузка

blouse

кашуля

hemd

джэмпер

trui

талстоўка

capuchontrui

блэйзер

blazer

куртка

jas

паліто

jas

дажджавік

regenjas

касцюм

kostuum

сукенка

jurk

вясельная сукенка

trouwjurk

касцюм

pak

начная сарочка

nachthemd

піжама

pyjama

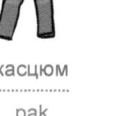

сары

sari

хустка

hoofddoek

цюрбан

tulband

паранджа

boerka

каптан

kaftan

Абая

abaya

купальнік

badpak

плаўкі

zwembroek

шорты

short

спартыўны касцюм

trainingspak

фартух

schort

пальчаткі

handschoenen

гузік

knoop

акуляры

bril

бранзалет

armband

каралі

ketting

кальцо

ring

завушніца

oorbel

кепка

pet

вешалка

kapstok

капялюш

hoed

гальштук

das

маланка

rits

шлем

helm

падцяжкі

bretellen

школьная форма

schooluniform

уніформа

uniform

нагруднік
slabbetje

пустышка
fopspeen

падгузнік
luier

офіс
kantoor

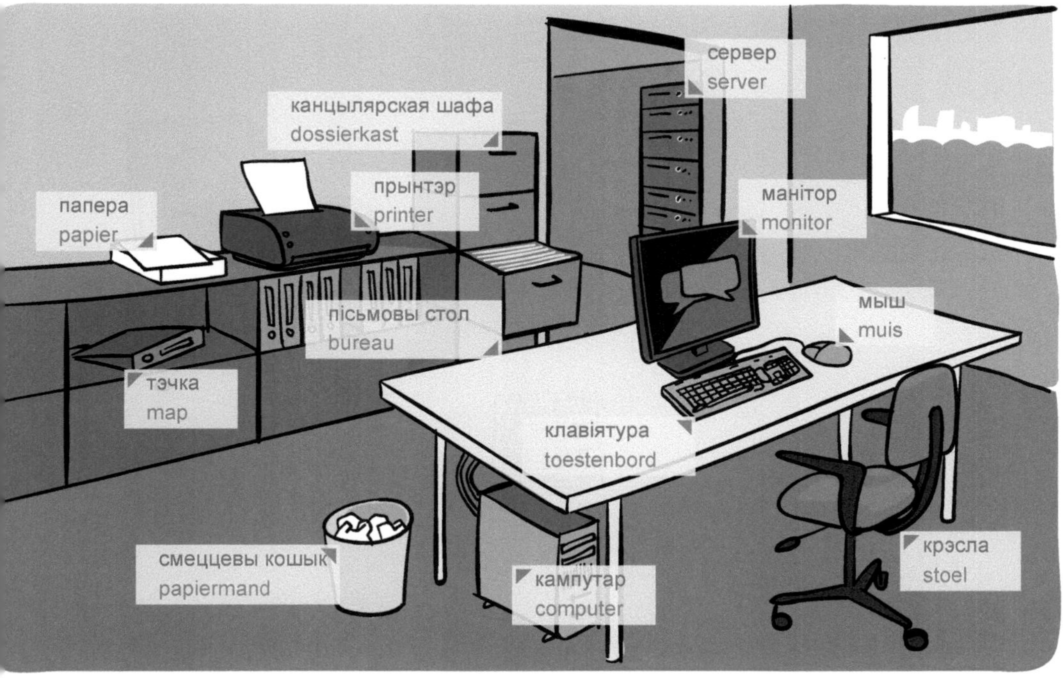

сервер
server

канцылярская шафа
dossierkast

прынтэр
printer

папера
papier

манітор
monitor

пісьмовы стол
bureau

мыш
muis

тэчка
map

клавіятура
toestenbord

смеццевы кошык
papiermand

крэсла
stoel

кампутар
computer

кубак для кавы (філіжанка)

koffiemok

калькулятар

rekenmachine

інтэрнэт

internet

ноўтбук

laptop

ліст

brief

паведамленне

bericht

мабільны тэлефон

gsm

сетка

netwerk

ксеракс

kopieerapparaat

праграмнае забеспячэнне

software

тэлефон

telefoon

разетка

stopcontact

факс

fax

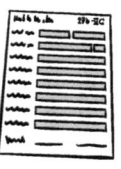

фармуляр

formulier

дакумент

document

купляць

kopen

плаціць

betalen

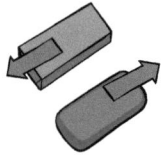

гандляваць

handelen

грошы

geld

долар

dollar

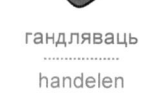

еўра

euro

ена

yen

рубель

roebel

франк

Zwitserse frank

кітайскі юань

Chinese renminbi

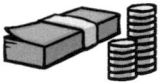

рупія

roepie

банкамат

geldautomaat

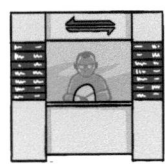

абменны пункт

wisselkantoor

золата

goud

срэбра

zilver

нафта

olie

энергія

energie

цана

prijs

кантракт

contract

падатак

belasting

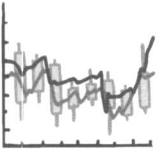

акцыя

aandeel

працаваць

werken

служачы

werknemer

працадаўца

werkgever

фабрыка

fabriek

крама

winkel

прафесіі
beroepen

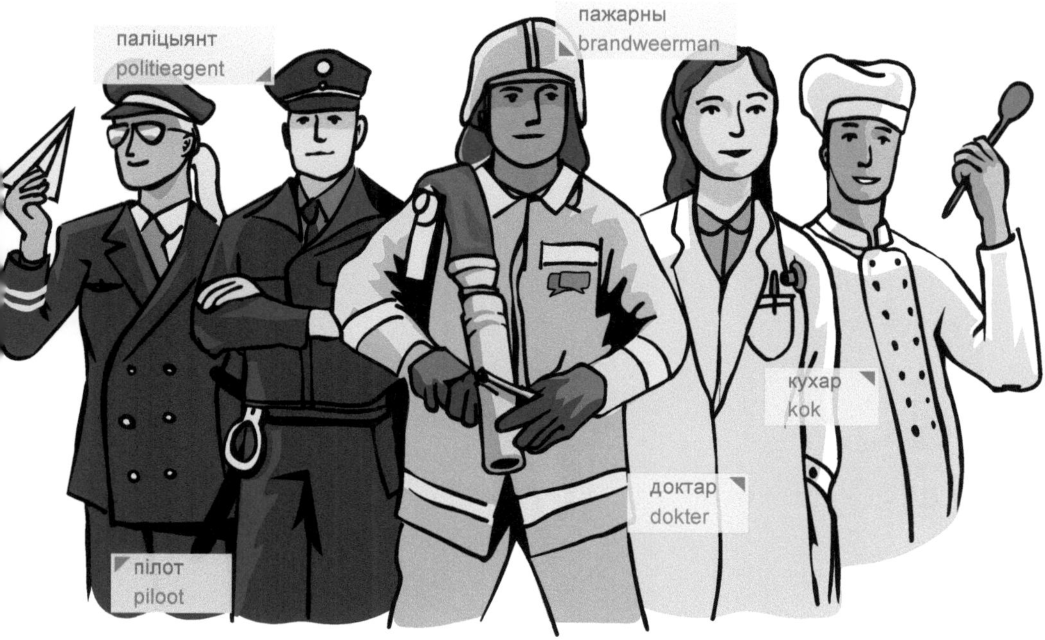
паліцыянт
politieagent
пажарны
brandweerman
кухар
kok
доктар
dokter
пілот
piloot

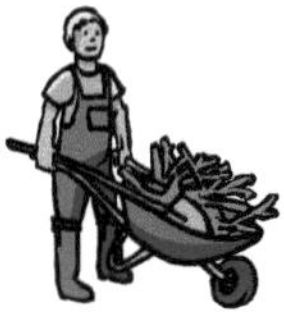

садоўнік

tuinman

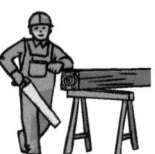

слесар

timmerman

швачка

naaister

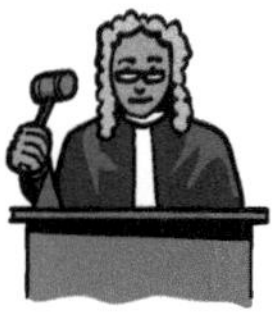

суддзя

rechter

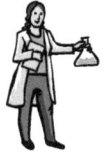

хімік

chemicus

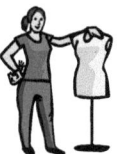

артыст

acteur

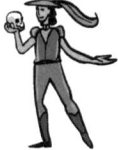

кіроўца аўтобуса

buschauffeur

таксіст

taxichauffeur

рыбак

visser

прыбіральшчыца

schoonmaakster

страхар

dakdekker

афіцыянт

ober

паляўнічы

jager

мастак

schilder

пекар

bakker

электрык

elektricien

будаўнік

bouwvakker

інжынер

ingenieur

мяснік

slager

сантэхнік

loodgieter

паштальён

postbode

салдат

soldaat

архітэктар

architect

касір

kassier

фларыст

bloemist

цырульнік

kapper

кандуктар

conducteur

механік

mecanicien

капітан

kapitein

стаматолаг

tandarts

вучоны

wetenschapper

рабін

rabbijn

імам

imam

манах

monnik

святар

geestelijke

інструменты
werktuigen

малаток
hamer
пласкагубцы
tang
адвёртка
schroevendraaier
гаечны ключ
schroefsleutel
ліхтарык
zaklamp

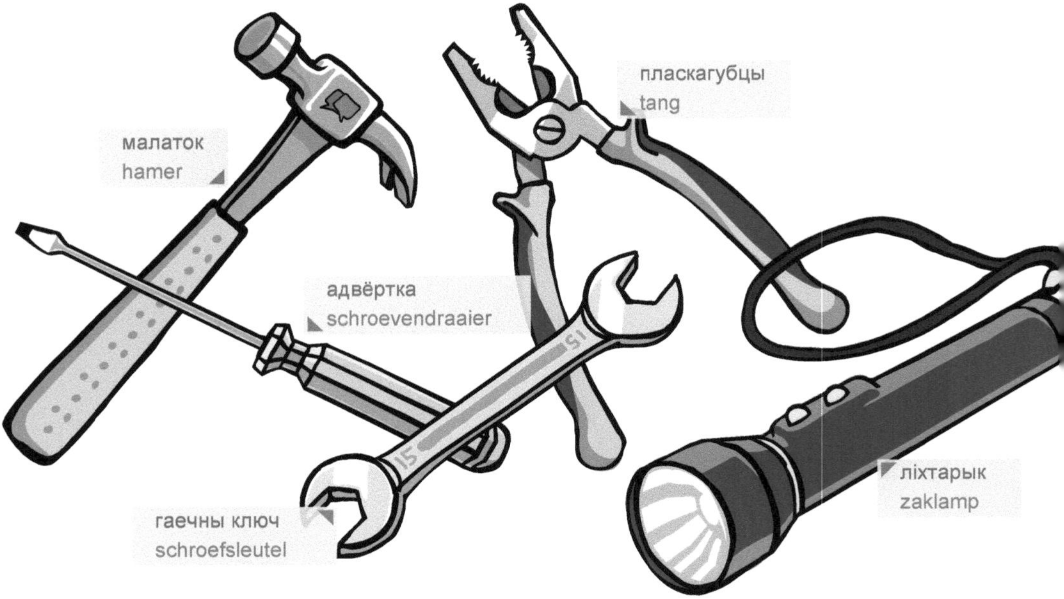

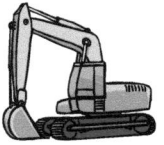

экскаватар

graafmachine

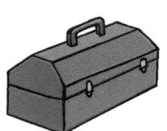

скрыня для інструментаў

gereedschapskoffer

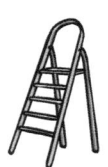

дравіны

ladder

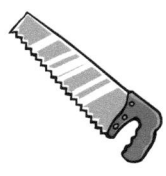

піла

zaag

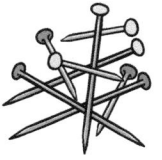

цвікі

spijkers

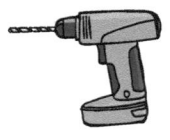

дрыль

boormachine

рамантаваць

repareren

рыдлеўка

schop

Халера!

Verdomme!

шуфлік для смецця

blik

вядро з фарбаю

verfpot

балты

schroeven

музычныя інструменты
muziekinstrumenten

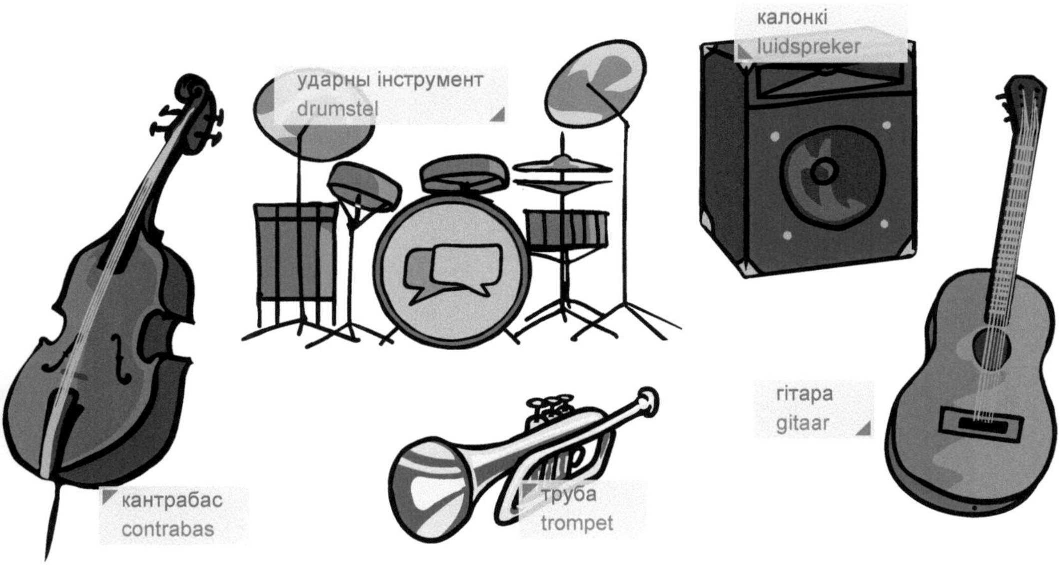

калонкі
luidspreker

ударны інструмент
drumstel

гітара
gitaar

кантрабас
contrabas

труба
trompet

піяніна

piano

скрыпка

viool

басгітара

basgitaar

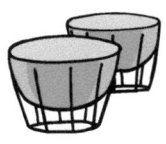

літаўры

pauk

барабан

trommels

клавішны электрамузычны
інструмент

keyboard

саксафон

saxofoon

флейта

fluit

мікрафон

microfoon

тыгр
tijger

уваход
ingang

клетка
kooi

зебра
zebra

корм для жывёл
diereneten

панда
panda

жывёлы
....
dieren

слон
....
olifant

кенгуру
....
kangoeroe

насарог
....
neushoorn

гарыла
....
gorilla

мядзведзь
....
beer

вярблюд

kameel

стравус

struisvogel

леў

leeuw

малпа

aap

фламінга

flamingo

папугай

papegaai

белы мядзведзь

ijsbeer

пінгвін

pinguïn

акула

haai

паўлін

pauw

змяя

slang

кракадзіл

krokodil

наглядчык заапарка

dierenverzorger

цюлень

zeehond

ягуар

jaguar

поні

pony

леапард

luipaard

бегемот

nijlpaard

жыраф

giraffe

арол

adelaar

дзік

wild zwijn

рыбак

vis

чарапаха

zeeschildpad

морж

walrus

ліса

vos

газель

gazelle

амерыканскі футбол
rugby

веласпорт
wielrennen

тэніс
tennis

баскетбол
basketbal

плаванне
zwemmen

бокс
boksen

хакей з шайбай
ijshockey

футбол
voetbal

бадмінтон
badminton

лёгкая атлетыка
atletiek

гандбол
handbal

горныя лыжы
skiën

пола
polo

дзейнасць

activiteiten

смяяцца
lachen
скакаць
springen
абдымаць
knuffelen
іссі
wandelen
спяваць
zingen
марыць
dromen
маліцца
bidden
цалаваць
kussen

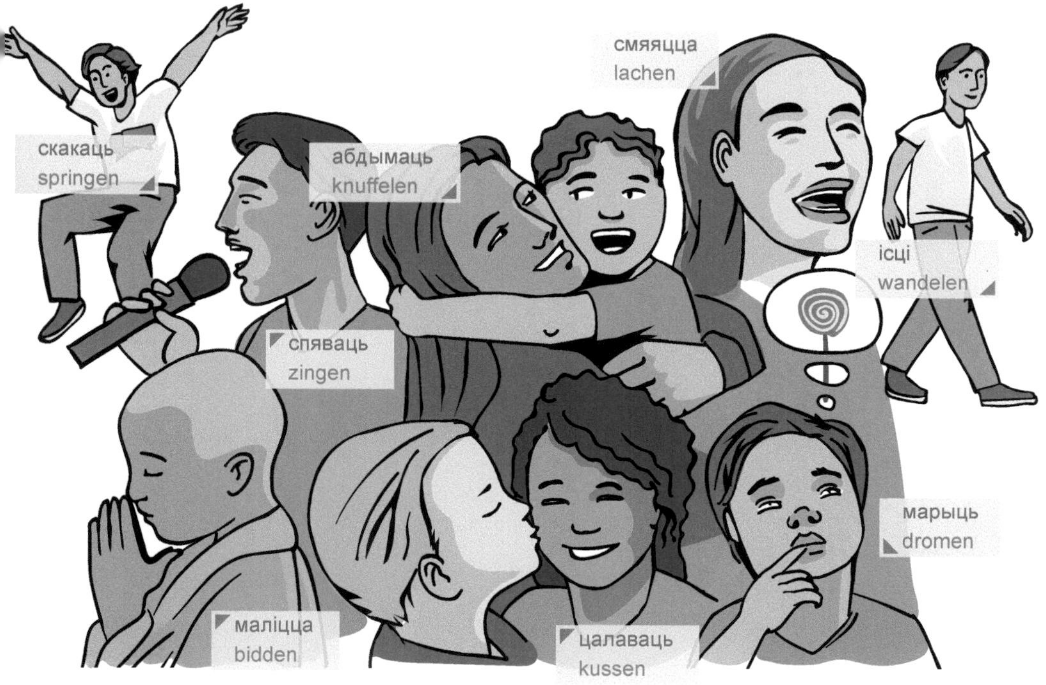

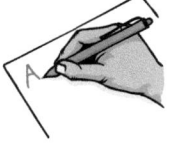

пісаць

schrijven

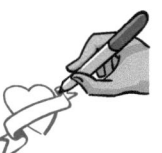

маляваць

tekenen

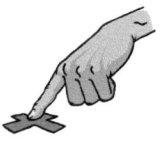

паказваць

tonen

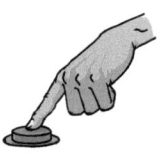

націснуць

duwen

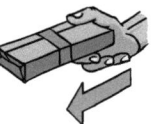

даваць

geven

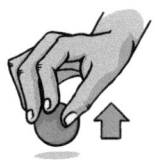

браць

nemen

маць
hebben

выконваць
doen

быць
zijn

стаяць
staan

бегчы
lopen

цягнуць
trekken

кідаць
gooien

падаць
vallen

ляжаць
liggen

чакаць
wachten

насіць
dragen

сядзець
zitten

апранацца
aankleden

спаць
slapen

прачынацца
ontwaken

глядзець

kijken naar

плакаць

wenen

лашчыць

aaien

прычэсвацца

kammen

гаварыць

praten

разумець

begrijpen

пытаць

vragen

чуць

luisteren

піць

drinken

есці

eten

прыбіраць

opruimen

кахаць

houden van

гатаваць

koken

ехаць

rijden

лятаць

vliegen

плаваць пад ветразем

zeilen

лічыць

rekenen

чытаць

Lezen

вучыць

leren

працаваць

werken

уступаць у шлюб

trouwen

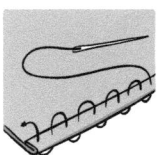

шыць

naaien

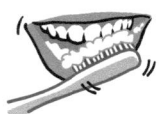

чысціць зубы

tandenpoetsen

забіваць

doden

курыць

roken

пасылаць

sturen

бабуля
grootmoeder

дзядуля
grootvader

бацька
vader

маці
moeder

дзіця
baby

дачка
dochter

сын
zoon

госць

gast

цётка

tante

дзядзька

oom

брат

broer

сястра

zus

цела
lichaam

лоб
voorhoofd
вока
oog
плячо
schouder
палец
vinger
твар
gezicht
падбародак
kin
рука
hand
нага
been
грудзі
borst
рука
arm

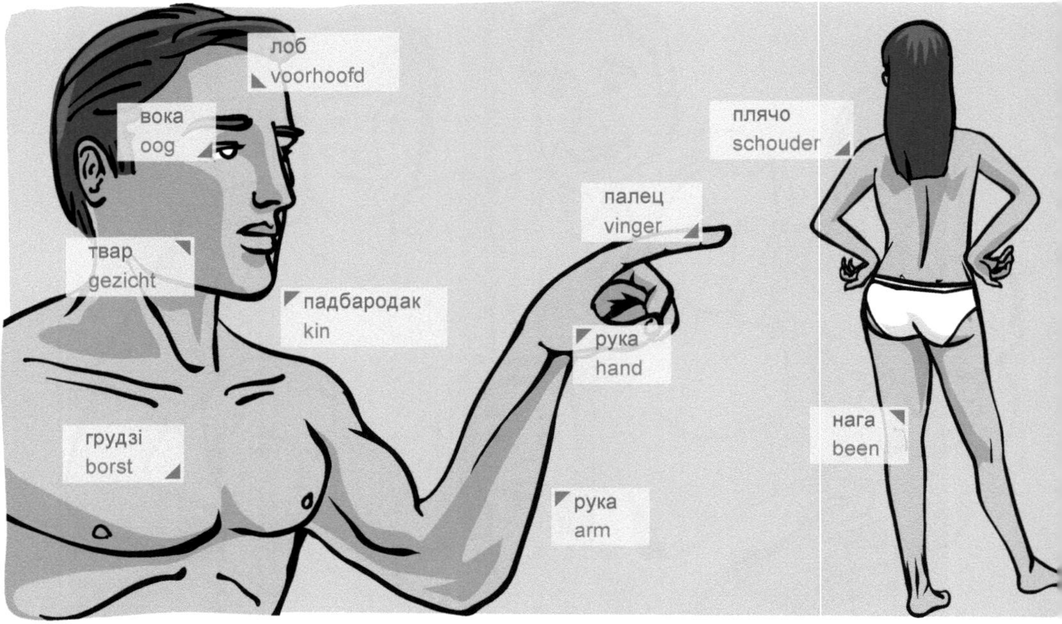

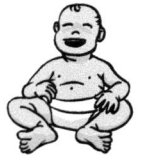

дзіця

baby

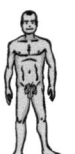

мужчына

man

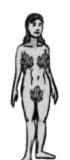

жанчына

vrouw

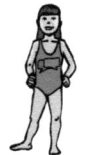

дзяўчынка

meisje

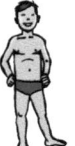

хлопчык

jongen

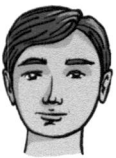

галава

hoofd

спіна

rug

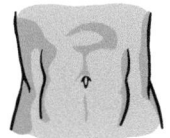

жывот

buik

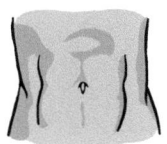

пуп

navel

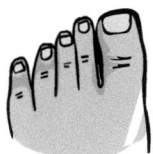

палец нагі

teen

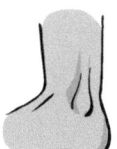

пятка

hiel

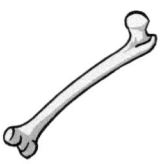

костка

bot

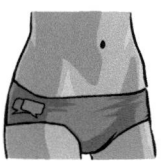

бядро

heup

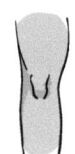

калена

knie

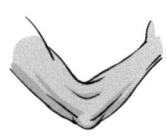

локаць

elleboog

нос

neus

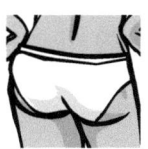

ягадзіца

zitvlak

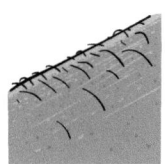

скура

huid

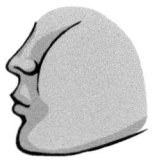

шчака

wang

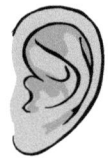

вуха

oor

губа

lip

рот

mond

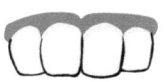

зуб

tand

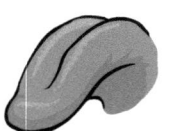

язык

tong

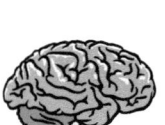

галаўны мозг

hersenen

сэрца

hart

мышца

spier

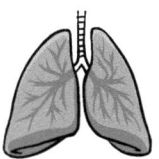

лёгкае

long

пячонка

lever

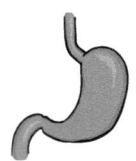

страўнік

maag

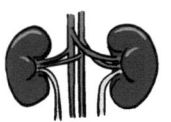

ныркі

nieren

сэкс

seks

прэзерватыў

condoom

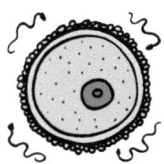

яйцаклетка

eicel

сперма

sperma

цяжарнасць

zwangerschap

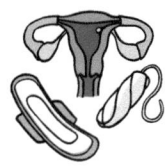

менструацыя

menstruatie

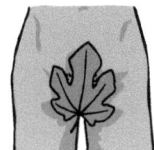

похва

vagina

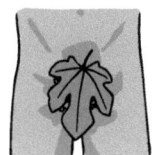

пеніс

penis

брыво

wenkbrauw

валасы

haar

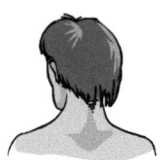

шыя

nek

шпіталь
ziekenhuis

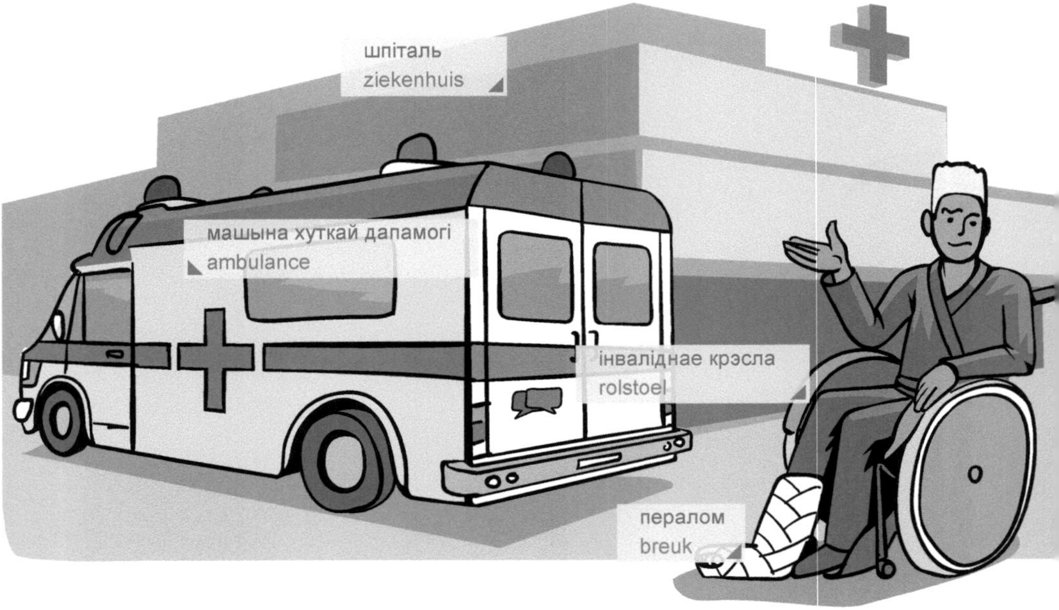

шпіталь
ziekenhuis
машына хуткай дапамогі
ambulance
інваліднае крэсла
rolstoel
пералом
breuk

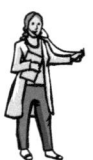

доктар

dokter

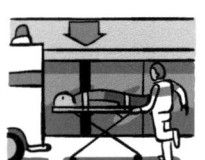

аддзяленне першай дапамогі

spoed

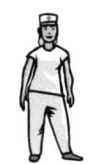

медсястра

verpleegkundige

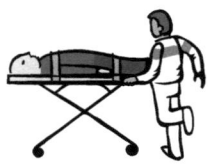

экстраная дапамога

noodgeval

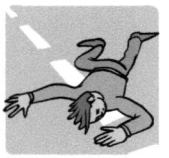

непрытомны

bewusteloos

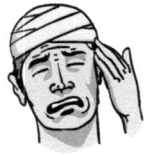

боль

pijn

траўма

verwonding

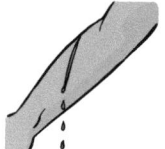

крывацёк

bloeding

інфаркт

hartaanval

апаплексія

beroerte

алергія

allergie

кашаль

hoest

гарачка

koorts

грып

griep

панос

diarree

галаўны боль

hoofdpijn

рак

kanker

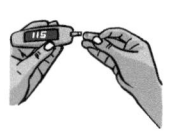

дыябет

diabetes

хірург

chirurg

скальпель

scalpel

аперацыя

operatie

шпіталь - ziekenhuis

КТ
CT

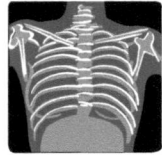

рэнтген
röntgenstraal

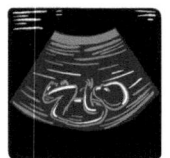

ультрагук
ultrageluid

маска
gezichtsmasker

хвароба
ziekte

пачакальня
wachtkamer

мыліца
kruk

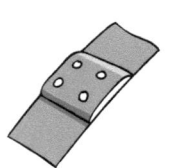

пластыр
pleister

бінт
verband

ін'екцыя
injectie

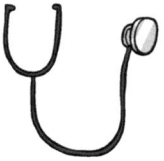

стэтаскоп
stethoscoop

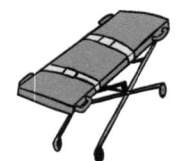

насілкі
brancard

градуснік
thermometer

нараджэнне
geboorte

лішняя вага
overgewicht

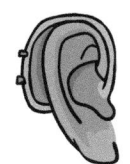

слухавы апарат

hoorapparaat

дэзінфекцыйны сродак

ontsmettingsmiddel

інфекцыя

infectie

вірус

virus

ВІЧ/СНІД

HIV / AIDS

лекі

medicijn

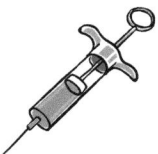

прышчэпка

vaccinatie

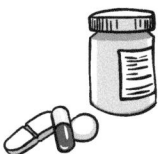

таблеткі

tabletten

супрацьзачаткавая таблетка

pil

экстраны выклік

noodoproep

танометр

bloeddrukmeter

хворы / здаровы

ziek / gezond

Ратуйце!

Help!

напад

overval

сігналізацыя

alarm

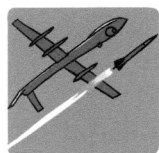

атака

aanval

небяспека

gevaar

аварыйны выхад

nooduitgang

Пажар!

Brand!

вогнетушыцель

brandblusser

аварыя

ongeval

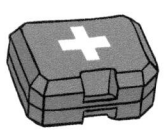

аптэчка

EHBO-kit

SOS

СОС

SOS

паліцыя

politie

Еўропа

Europa

Паўночная Амерыка

Noord-Amerika

Паўднёвая Амерыка

Zuid-Amerika

Афрыка

Afrika

Азія

Azië

Аўстралія

Australië

Атлантычны акіян

Atlantische Oceaan

Ціхі акіян

Stille Oceaan

Індыйскі акіян

Indische Oceaan

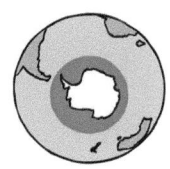

Паўднёвы ледавіты акіян

Antarctische Oceaan

Паўночны ледавіты акіян

Arctische Oceaan

Паўночны полюс

Noordpool

Паўднёвы полюс

Zuidpool

Антарктыда

Antarctica

Зямля

aarde

краіна

land

мора

zee

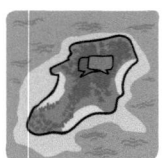

востраў

eiland

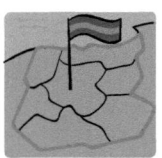

нацыя

natie

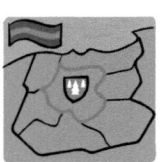

дзяржава

staat

цыферблат

wijzerplaat

гадзінная стрэлка

uurwijzer

хвілінная стрэлка

minuutwijzer

секундная стрэлка

secondewijzer

Колькі часу?

Hoe laat is het?

дзень

dag

час

tijd

зараз

nu

электронны гадзіннік

digitale horloge

хвіліна

minuut

гадзіна

uur

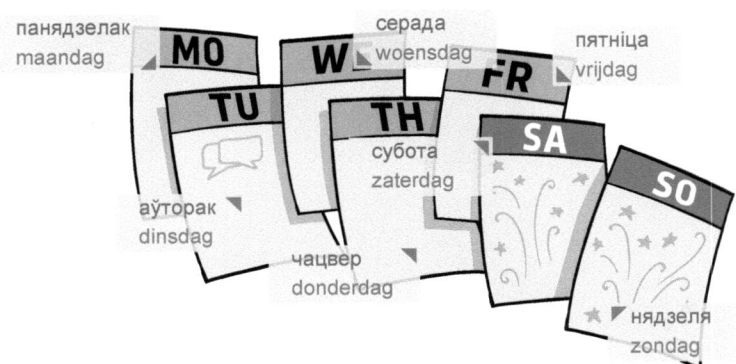

панядзелак
maandag

серада
woensdag

пятніца
vrijdag

аўторак
dinsdag

чацвер
donderdag

субота
zaterdag

нядзеля
zondag

ўчора

gisteren

сёння

vandaag

заўтра

morgen

раніца

ochtend

абед

middag

вечар

avond

працоўныя дні

werkdagen

выхадныя

weekend

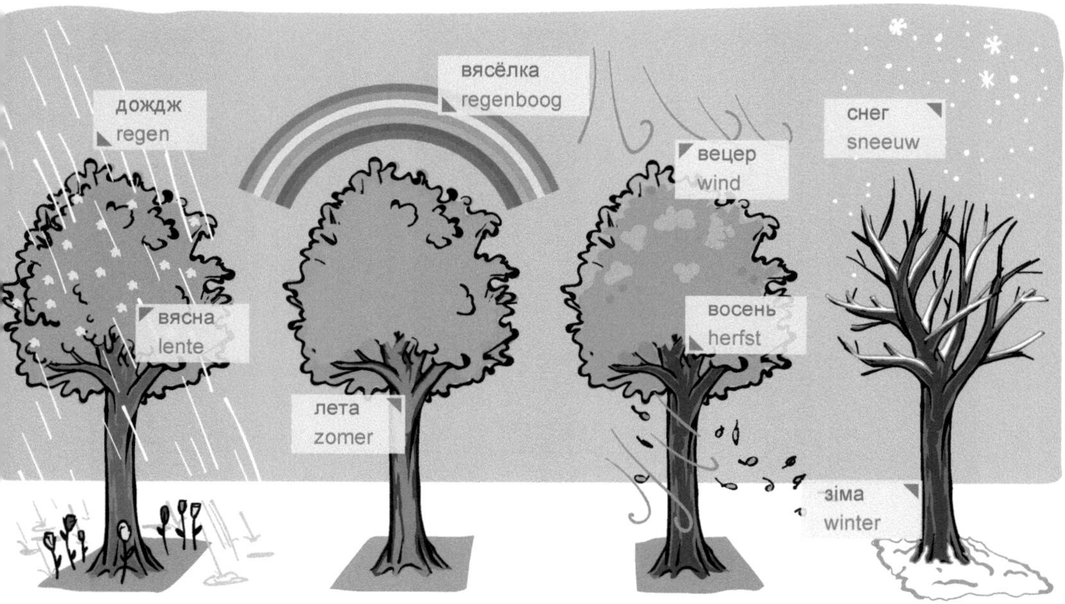

дождж
regen
вясёлка
regenboog
вецер
wind
снег
sneeuw
вясна
lente
восень
herfst
лета
zomer
зіма
winter

4.APRIL 11°
5.APRIL 4°
6.APRIL 13°
7.APRIL 8°
8.APRIL 10°

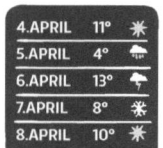

прагноз надвор'я

weervoorspelling

F C
120 40
90 30
60 20
30 10
0 0
-30 -10
-20

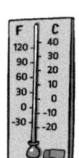

градуснік

thermometer

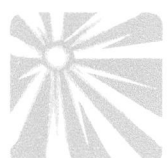

сонечнае святло

zonneschijn

воблака

wolk

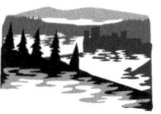

туман

mist

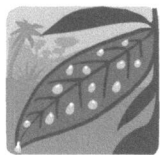

вільготнасць паветра

vochtigheid

маланка

bliksem

гром

donder

бура

storm

град

hagel

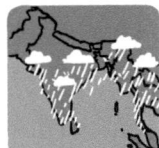

мусонны вецер

moesson

прыліў

overstroming

лёд

ijs

студзень

januari

люты

februari

сакавік

maart

красавік

april

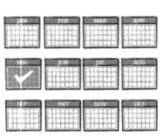

май

mei

чэрвень

juni

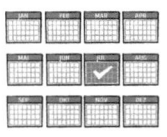

ліпень

juli

жнівень

augustus

год - jaar

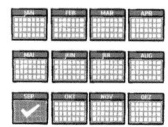

верасень
....
september

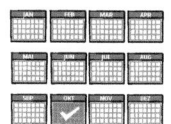

кастрычнік
....
oktober

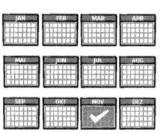

лістапад
....
november

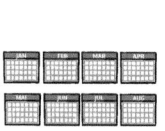

снежань
....
december

круг
....
cirkel

квадрат
....
kwadraat

прамавугольнік
....
rechthoek

трохвугольнік
....
driehoek

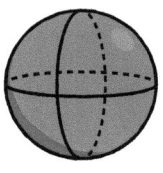

шар
....
bol

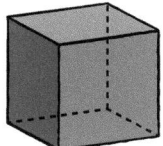

куб
....
kubus

белы

wit

жоўты

geel

аранжавы

oranje

ружовы

roze

чырвоны

rood

фіялетавы

paars

сіні

blauw

зялёны

groen

карычневы

bruin

шэры

grijs

чорны

zwart

шмат / мала

veel / weinig

злы / добры

boos / kalm

прыгожы / брыдкі

mooi / lelijk

пачатак / канец

begin / einde

высокі / малы

groot / klein

светлы / цёмны

licht / donker

сястра / брат

broer / zus

чысты / брудны

proper / vuil

поўны / няпоўны

volledig / onvolledig

дзень / ноч

dag / nacht

мёртвы / жывы

dood / levend

шырокі / вузкі

breed / smal

ядомы / неядомы

eetbaar / oneetbaar

злы / добры

kwaadaardig / vriendelijk

узбуджаны / нудны

opgewonden / verveeld

тоўсты / тонкі

dik / dun

першы / апошні

eerst / laatst

сябар / вораг

vriend / vijand

поўны / пусты

vol / leeg

цвёрды / мяккі

hard / zacht

важкі / лёгкі

zwaar / licht

голад / смага

honger / dorst

хворы / здаровы

ziek / gezond

нелегальны / легальны

illegaal / legaal

разумны / дурны

intelligent / dom

левы / правы

links / rechts

побач / далёка

dichtbij / veraf

новы / былы ва ўжыванні

nieuw / gebruikt

нічога / нешта

niets / iets

стары / малады

oud / jong

укл / выкл

aan / uit

адчынены / зачынены

open / dicht

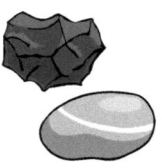

ціхі / гучны

stil / luid

багаты / бедны

rijk / arm

правільна / няправільна

juist / fout

шурпаты / гладкі

ruw / glad

сумны / шчаслівы

droevig / blij

кароткі / доўгі

kort / lang

павольны / хуткі

traag / snel

вільготны / сухі

nat / droog

цёплы / халаднаваты

warm / koud

вайна / мір

oorlog / vrede

0

нуль

nul

1

адзін

één

2

два

twee

3

тры

drie

4

чатыры

vier

5

пяць

vijf

6

шэсць

zes

7

сем

zeven

8

восем

acht

9

дзевяць

negen

10

дзесяць

tien

11

адзінаццаць

elf

12

дванаццаць

twaalf

13

трынаццаць

dertien

14

чатырнаццаць

veertien

15

пятнаццаць

vijftien

16

шаснаццаць

zestien

17

сямнаццаць

zeventien

18

васямнаццаць

achtien

19

дзевятнаццаць

negentien

20

дваццаць

twintig

100

сто

honderd

1.000

тысяча

duizend

1.000.000

мільён

miljoen

англійская
Engels

англійская (Амерыка)
Amerikaans Engels

кітайская мандарынская
Chinees (Mandarijn)

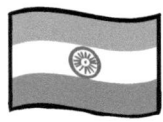

хіндзі
Hindi

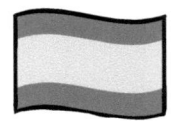

іспанская
Spaans

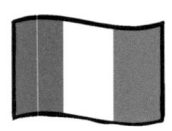

французская
Frans

арабская
Arabisch

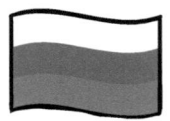

руская
Russisch

партугальская
Portugees

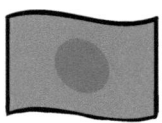

бенгальская
Bengali

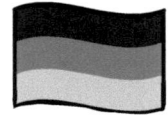

нямецкая
Duits

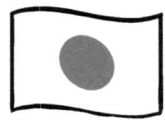

японская
Japans

я

ik

ты

u

ён / яна / яно

hij / zij / het

мы

wij

вы

u

яны

ze

хто?

wie?

што?

wat?

як?

hoe?

дзе?

waar?

калі?

wanneer?

імя

naam

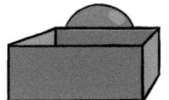

за
....
achter

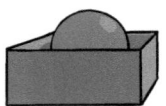

у
....
in

перад
....
voor

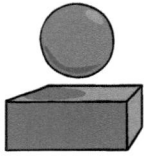

над
....
boven

на
....
op

пад
....
onder

каля
....
naast

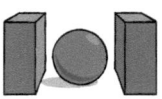

паміж
....
tussen

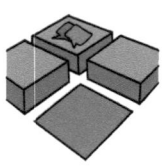

месца
....
plaats